うつな気持ちが晴れていく「こころのストレッチ」

精神科医
大野 裕

きずな出版

はじめに——

自分らしい生活を送っていくために

私たちのこころは、驚くような強さを持っています。

しかし、残念なことに、その強さに気づいていない人が少なくありません。

本書を出版したのは、自分のこころの力に気づき、上手に生かすコツを伝えたいと考えたからです。

どんなに強いこころの力を持っていても、何もしないでいてはそれを生かすことができません。

それは、身体の力も同じです。

誰もが身体の力を持っています。

もちろん、運動が苦手な人はいますし、得意なスポーツも人によって違います。

でも、重い病気にかかってさえいなければ、普通に日常生活を楽しむ体力を持っています。

しかし、体を動かさないでだらしない生活を送っていれば、体力はどんどん落ちていきます。

逆に、体を動かしていれば体力がついてきます。

好きなスポーツがあれば、練習を重ねることで上手になります。


こころも同じです。

うつや不安などのネガティブ感情はつらいものです。

でもピンチはチャンスです。

つらい気持ちになったときに、上手に工夫して切り抜けることができれば、それが自信になっていきます。

そのときに、自分にはどうすることもできないとあきらめていては、先に進んでいくことができません。

それどころか、体と同じように、こころの体力が落ちていってしまいます。

本書では、そうならないための工夫をお伝えします。

そのときに何よりも大事なのは、アスピレーションと呼ばれる自分なりの夢や希望を意識することです。

誰でもアスピレーションを持っています。

そのアスピレーションを意識すれば、つらい状況を切り抜ける力が湧《わ》いてきます。

その自分の力を信じ、上手にこころのストレッチをして自分らしい生活を送っていくための工夫のヒントを、本書を通して見つけていただきたいと願っています。

大野 裕

目次

第2章 少しずつ少しずつ

やってみたらできた！を続ける

第3章

うまくいかないとき

――気分転換で発想を変える

第4章

楽しいから、やる！

――アスピレーションの効果

第5章

助けを借りる

「つながり」が力になる

第6章

「にもかかわらず」

――どんなときも、自分らしく

第7章

さあ、深呼吸

――こころが休まる時間を持つ

おわりに――

こころの痛みを感じたら、ちょっと立ち止まってみる

本書は大野裕の認知行動療法活用サイト「こころのスキルアップ・トレーニング」の会員限定メルマガ「こころトーク」(2023年1月6日〜2024年5月31日配信分)を編集、加筆したものです。

うつな気持ちが晴れていく「こころのストレッチ」

第1章

まずは、はじめの一歩

―― 焦らず、できることから

新しい自分として再出発しませんか？

忙しくしていると、毎日の生活に追われて自分のしていることを振り返る余裕がなくなってしまいます。

普通に生活していても次々と問題に直面します。

それは、仕事、学校、家庭、友人関係、そして地域のことなど、さまざまです。

すぐに解決できることもありますが、そう簡単に解決できないこともあります。

解決できない問題に取り組んでいると、この先どうなるか、心配な気持ちが強くなってきます。

その結果、早く問題を解決しないといけないという気持ちが強くなって、目の前の問題に気持ちが奪われてしまうことになります。

問題に目を向けてきちんと取り組むことは、もちろん大事です。

しかし、目の前の問題にこころを奪われてしまうと、幅広い視野を持って問題に取り組むことができなくなります。

余裕を持って考えることもできなくなります。

たとえてみれば、自動車を高速で運転していて、どんどん視野が狭くなっていくようなものです。

そうしたときにパーキングエリアで一休みすると、自分を取り戻すことができます。

日常生活も同じで、一休みして自分を取り戻すと、自分の抱えている問題に冷静に目を向けて、対応を考えることができるようになります。

休むことはよくないことだと考えてしまう人は、とくに日本人には少なくないように感じますが、自分らしさを見失いそうなとき、忙しさに追われて、イライラすることが多くなっていると感じられるようなときには、思いきって、休んでみることです。

特別に休みをとらなくても、正月休みやゴールデンウイーク、夏休みなどは、このように自分を取り戻すことに加えて、自分にとって何が大事かを再確認できる貴重な機会にもなります。

「一年の計は元旦にあり」という諺《ことわざ》もあります。年が改まるという雰囲気が、私たちを自然とそのような気持ちにさせるのでしょう。

いつもとは違った目で次の一年を見てみようという気持ちになります。それが、これから先の自分の生き方を考える機会になります。

このように先に目を向けることができれば、現実の問題に冷静に対処できるようにもなるのです。

気持ちが揺れて、落ち着かないとき

久しぶりに休みがとれたときなど、私が好きなのは、横になって何もしないでボンヤリとする時間です。

眠るでもなく何かを考えるでもなく、ボンヤリとしていると、こころの広がりを感じられて、とても幸せな気持ちになります。

おそらくこれがマインドフルな時間なのだろうと、考えたりもします。

その一方で、そんな風にボンヤリとしていると、気がかりなことが次々と頭に浮かんでくることがあるので注意が必要です。

とくに困ったことが起きていたり、課題がたまっていたりしているときには、これまでの失敗体験や、いま直面している問題、これから先の不安などが浮かんできて、頭から離れなくなります。

そのために気持ちが揺れて落ち着かなくなって、同じことを繰り返し考えるようになってきます。

専門的に「反すう」と呼ばれる状態です。

「反すう」というのは、牛などの動物が食べ物を口で噛んで胃に送り、胃で一部を消化した後にまた口に戻して咀嚼するということを繰り返す状態を表現する言葉で、繰り返し同じことを考え続ける状態にも使われるようになりました。

もちろん、牛などの動物は「反すう」が消化の助けになっているのですが、こころの「反すう」はまったく逆効果でつらい気持ちになるだけです。

何の解決策も浮かばないまま、同じところを堂々めぐりするだけで先に進むことができないのです。

そのために、不安な気持ちや憂うつな状態が続くことになりますが、自分ではなかなか反すうに気づくことができません。

こころのどこかで、考えていれば問題を解決できるのではないかと期待している自分がいるからです。

頭の中で考え続けることで、現実に足を踏み出して問題に目を向けないですんでいる可能性もあります。

そうすると、いつまでたっても問題に取り組めない状態が続いて、ますますつらい気持ちになってきます。

考えるのをやめて、新しい行動を起こすために

考えているうちに何か解決のヒントに気づくなど、先に進んでいければよいのですが、多くの場合はその場でグルグル考えているだけで、先に進むことができません。

それどころか、いつの間にか現実に目が向かなくなってしまいます。取り返しのつかない過去の出来事を思い浮かべて、どうしようもないと悲観的に考えるようにもなってきます。

そうした状態から抜け出すためには、「反すう思考」の状態にあることに気づく必要があるのですが、私たちはそのことになかなか気づけません。

それは、私たちが、問題を解決するためには十分に考えなくてはいけない、繰り返

し考えれば問題を深掘りできるのではないか、と無意識に思い込んでいるためです。たしかに、問題が起きて困ったときに、きちんと問題に目を向けて分析し、解決策を考えていくことは大切です。

ところが、反すう状態になると問題に目を向けることができないばかりか、考えに没頭《ぼっとう》するようになってしまいます。

そうすると、一時的に現実逃避ができて、イヤな現実に目を向けないですむので気持ちが楽になります。

これも、反すうが続く原因になります。

でも、現実に目を向けず逃げていたのでは問題は解決せず、結局はつらい気持ちが続くことになります。

考えているのにつらい気持ちが続くようなときには、ちょっと立ち止まって自分の考えを振り返ってみてください。

「(反すうを判断する)2分間ルール」と呼ばれますが、ほんの短時間でいいのです。

ちょっと時間をとって、自分に次の3つの質問をしてみてください。

①　それまで以上に問題が理解できるようになったか？

②　考えることで新しい解決策が浮かんで、先に進めたか？

③　気持ちが軽くなったか？

もしこのどれかに当てはまらないようであれば、「反すう」状態になっている可能性があります。

考えるのをやめて、新しい行動を起こすようにしてください。

認知行動療法の基本はセルフモニタリング

認知行動療法というと、気持ちが揺れたときのネガティブな考えを意識して、現実に即した判断や工夫ができるように手助けしていくものだと考えられるのが一般的です。

もちろんそうなのですが、つらい気持ちになっているときに繰り返し頭に浮かんでくる考えに目を向けることも大切です。

そのように考えると、認知行動療法の基本はセルフモニタリング、つまり自分を振り返ることだということができます。

私たちは、意識しないで多くのことを考えています。

最近の研究では、私たちが脳の中で考えている言葉の量は、1分間に英単語で4000語だと報告されています。

1時間かけて行われるアメリカ合衆国大統領の一般教書演説の言葉の量が6000語と言われていることを考えると、それに近い言葉が1分半で流れていることになります。

普通、私たちは、それだけの量の言葉の流れの中から役に立つ考えを自動的にピックアップして生活しています。

ところが、ストレスを強く感じるようになるとそれがうまくできなくなります。

それどころか、その言葉の波に飲み込まれて、落ち込んだり不安になったりします。

それが繰り返されるのが「反すう」です。

「2分間ルール」は、そうした大量の言葉の流れを止めて、そのときの考えが役に立っているかどうかを確認するための工夫です。

もし、そのとき流れている考えが役に立っていないときには、それを止める必要があります。

反すうに対して、認知行動療法では、「①名前をつける」「②行動を起こす」という、2段階で反すうを止めるようにします。

「反すう」していることに気づいたら、まず「反すうだ」「反すうが起きている」と、そのときの状態に名前をつけて、自分で自分に注意を促《うなが》します。

そうすれば考えの流れが遅くなります。

そこで、次に、身体を動かすなど、行動することで「反すう」を止めます。

行動は、スナック菓子を食べるのでも、テレビを観るのでも、外に出て散歩をするのでも何でもいいのです。

身体を動かせば、考えの流れを止めることができます。

行動するときには行動に集中する

頭の中であれこれ考えて思い悩む「反すう」を止めるのには行動するのがよいと、前で書きました。

ただ、行動するときには行動に集中する必要があります。

わかりにくい表現をしてしまいましたが、行動しているようでいて、じつは考えていたということがよくあります。

「散歩」を例に挙げてみましょう。

コロナ禍《か》でも、気分転換のために外に出て散歩をした人は少なくないと思います。

しかし、散歩をしても気分転換にならないという人がいます。

その人に散歩のときの様子を聞くと、歩きながら気になることをあれこれ考えていたと言います。

これでは、「散歩をしていた」のではなく、「考えごとをしていた」ということになります。

だからといって、

「歩きながら考えごとをするのはやめてください！」

と言っても、効果はありません。

むしろ考えごとが増える可能性があります。

私たちの頭は天邪鬼《あまのじゃく》です。

「やめろ」と言われれば言われるほど、「したくなる」のです。

シロクマのことを考えないようにと言われたときの反応を調べる実験が、よく知られています。

容易に想像できると思いますが、そのように言われるとシロクマのことを考えてしまうのです。

このようなときには、何かをやめるようにと言うのではなく、何か他のことをするように言うのが効果的です。

シロクマのことを考えるのも「反すう」ですから、行動を使ってそれを止めるのです。

散歩の場合も同じです。

歩いているときに頭に浮かんでくる考え、つまり「反すう」を止めるためには、行動を使います。

たとえば、遠くの山々を眺める。

道の脇にそっと咲いている花に目をやる。

歩いている途中の筋肉の動きや呼吸の変化など、体の変化に意識を向ける。

そうすれば、自然に考えないですむようになります。

行動できないときはイメージ法を活用する

あれこれよくないことを考える「反すう」を止めるためには身体を動かすのがよいとお話ししました。どのようなものであっても、身体を動かして、その動きに集中すると、考える余裕がなくなるからです。

しかし、人によっては身体を動かすことができないこともあります。身体の病気のために横になっているしかない人もいます。落ち込んで体が重く、動くためのエネルギーが出てこない状態の人もいます。気分を軽くするには身体を動かすのがよいとわかっているだけに、そうしたことができない自分を責めて、ますますつらくなります。

そうしたときには、「イメージ法」を使ってみてはどうでしょうか。

これまでに体験したことがある「よかったこと」を思い出してみるのです。

それも単に思い出すだけではありません。

そのときの状況を細かく、丁寧に思い出していって、まさにその場にいるようなイメージを、こころの中でつくっていくのです。


「どのようなことをしているときに、どのようなことが起きたのでしょうか」

まわりの景色や雰囲気、気温、明るさ、匂いなど、今まさにその場面にいるかのように思い出してください。

□「そのとき、一緒にいたのは誰だったでしょうか」
□「誰と、どのような話をしましたか」

話した内容を、細かく思い出しましょう。

□「話しているうちに、どのような気持ちになりましたか」

気持ちの変化も思い出してみましょう。

このように、よかった体験を丁寧《ていねい》に思い出していると、その場にいるかのような気持ちになってきます。その場にいるかのようなふりをしているうちに、現実にその場にいるかのようなこころの状態になってくるのです。

そのようにしていると、自然に「反すう」が止まって、気持ちが楽になってきていることに気づくはずです。

第 2 章

少しずつ少しずつ

―― やってみたらできた！を続ける

安心感が体とこころの不調を防ぐ

私は、最近やけに忙しくなってきています。おそらく、新型コロナのためにオンライン中心だった講演会や会議が、対面で行われるようになったことが影響しているのでしょう。

先日も講演で博多に呼んでいただいたのですが、現地で直接言葉を交わす人間的な温もりは、オンラインでは感じられない素敵な体験です。

最近、「ラビット・イフェクト（ウサギ効果）」がアメリカで話題になっています。

これは、１９８０年代後半に報告されて注目されるようになった研究成果を表す言葉です。

その研究は、脂肪分の高い食事と心臓疾患との関係を調べるために行われました。脂肪分の高い食事をとると心臓疾患にかかりやすくなることは、いまではよく知られています。

そのことを検証するために、1960年代から1970年代にかけてウサギに脂肪分の高い食事を食べさせて、心臓の健康に好ましくない影響を与えるかどうかを調べる研究が行われました。

その結果は、予想通り、脂肪分の高い食事と心臓疾患の発症とは関係しているというものでした。

ところが、脂肪分の高い食事をとっても心臓疾患にかからない、健康なウサギの一群が存在していました。

不思議に思った研究者は、その原因を調べました。

その結果、健康なグループのウサギの担当者がウサギを抱きあげたり、なでたり、話しかけたりしていたことがわかったのです。

担当者から愛情を注《そそ》がれていたウサギは、脂肪分の多い食事を食べていても健康だったのです。

こうした心理的な安心感は、心臓疾患のような体の問題だけではなく、こころの不調を防ぐ効果があることも知られています。

親しい人や地域と意味のある交流ができている人はうつ病になりにくいという研究報告は少なくありません。

コロナ禍のために、これまで私たちは孤立しがちな生活を送ってきました。

しかし、心身ともに健康に生きていくために、安心できる人間的交流を続けられる工夫をしていく時期に来ているように思います。

お互いがお互いの役に立っている関係に気づく

ラビット・イフェクトを紹介したメルマガ「こころトーク」を読んだ方から、「研究者もウサギに癒《い》やされていたんでしょうね」というコメントをいただきました。

その配信で紹介したのは前項の通り、脂肪分の多い餌を与えられたウサギでも、研究者が優しく世話をしていると心臓疾患になりにくかったという現象です。

その事実から、つながりの大切さについて書いたのですが、その人は、優しく世話をされたウサギはもちろんとして、ウサギをかわいがっていた研究者のこころも癒やされていたのだろうというのです。

一本とられた思いです。

私は研究にばかり目が向いて、ウサギのことを考えていました。これも認知の偏《かたよ》りでしょう。

つながりが双方向に起こるという、ごく当たり前のことを見落としていました。

ウサギが喜ぶ姿を見て、研究者はうれしくなったはずです。

それでますますウサギをかわいがり、ウサギが喜び、研究者がうれしくなるという、よい形の交流が展開していったのでしょう。

いつもお話しすることですが、私たちが一番幸せになれるのは、相手の役に立ったときです。

研究者もウサギも、お互いがお互いの役に立っていると感じて、それがこころと体の健康につながっていったのだと思います。

研究室という、無味乾燥な場面でそうした触《ふ》れあいや交流が起きていたと考えると、ワクワクしてきます。

そのことから、環境は変えることができるということにも気づきます。

私たちは、環境は変わらないものだと考えがちです。

とくに、自分にとってよくない環境があるとき、自分にはどうすることもできないと考えてしまいます。

そこであきらめて何もしないでいると、そのよくない環境はよくないまま続いていきます。

しかし、環境は変えることができます。

いますぐ、大きく変えることができなくても、できることを少しずつ積み重ねていけば、きっと変わっていきます。

あきらめないことが大切です。

そのときに、人でも動物でも、つながりが生まれるとなおよいでしょう。

逆境に立ち向かえる「こころの力」をつける

先日、アメリカ留学時代から交流のあるアレン・フランセス先生夫妻とオンラインで話をしました。

新型コロナには、私たち誰もがずいぶん苦しめられましたが、このように気楽にオンラインで交流できるようになったのはよかったと思います。

デジタル移民と呼ばれる世代の私にとって、コロナ前はZoom《ズーム》を使ってオンラインで交流することなど想像もつきませんでした。

それが、数年のうちに自由にできるようになっているのですから、人間の持つ力の大きさに驚きます。

こうした力が、専門的に「トラウマ後成長」と呼ばれるこころの変化にもつながっているのだと思います。

「トラウマ後成長」というのは、東日本大震災のときに、震災から立ち上がる地域住民の人たちを目にした専門家の間でよく紹介されました。

そのように「逆境に立ち向かえる」こころの力、地域の力を、専門用語で「レジリエンス」と呼びます。

私たちが訳した『ポジティブ精神医学』（金剛出版）という本の中では、「レジリエンス」について、「曲がっても折れない力、曲がっても元に戻る力」と解説されています。

さらに言えば、曲がったことをきっかけにさらに成長していく力と言うこともできるでしょう。

ただ、こうした力は、自分一人で引き出すのは難しいものです。

前で「ラビット・イフェクト」について説明したように、お互いに寄り添い合い、思いやりの気持ちを感じ合えることが大事です。

そうすることで、それぞれの人が持っている力を生かすことができるようになってきます。

逆に、一人になってしまうと本来持っている力さえも発揮《はっき》できなくなります。

私は東日本大震災の直後から、被災地の宮城県女川町で地域の人たちと一緒に活動を始めました。精神科医として診療をするのではなく、それぞれの人がお互いにつながり合える活動を支援していったのです。

大切な人をなくしたり、大切なものを失ったりした人たちが、お互いに助け合っている姿を見て、私自身が励まされました。

順風満帆《じゅんぷうまんぱん》でずっと人生が送れればよいのですが、そうしたことはありえません。いろいろな挫折や苦しみを体験しながら、それでもお互いに支え合い、成長していけるのが人間だと、私は考えています。

自分には信頼できる人がいないと感じるとき

ここ何回か、人と人のつながりがこころを元気にすると書いてきました。

でも、「そう言われても、信頼して、つながり合える人なんて自分にはいない」と感じた方がいらっしゃるのではないでしょうか。

信頼できる人がまわりにいない自分は、これからもつらい気持ちを抱《かか》えながら生きていくしかないと考えた方がいらっしゃるかもしれません。

たしかに、そうした人間的なつながりが持ちづらいために、精神的なストレスを感じている方は多いでしょう。

新型コロナウイルス感染症のために閉じこもりがちの生活をして、孤立するようになった人も多いと思います。

だからこそ、発想を転換して、他の人とのつながりを持つ機会をつくるようにしてほしいと思うのです。

「つながりが持てていないからつらい」

という考えから、

「つらいから、つながりを持つようにしよう」

と発想を転換してみるのです。

多くの人とつながる必要はありません。

一人でも二人でも、ちょっとだけ話をする機会を持つだけで十分です。

それをきっかけに、少しずつ、人の輪が広がってくるはずです。

もちろん、すぐには無理かもしれません。

いままで人とつながる機会がなかったのですから、急に人と交流できるようになるのは難しいと思います。

私が高校1年生のときに、成績が悪くて落第したときのことを思い出します。

落第したのは私ただ一人でしたので、一学年下のクラスに行くのはとても抵抗感《ていこうかん》がありました。

最初は、みんなから好奇《こうき》の目で見られているような気がしました。

でも、時がたつうちに、少しずつ話をする同級生が増えてきました。

自分からみんなに話しかけるようにしたのもよかったのでしょう。

次第にクラスに馴染《なじ》んでいっているように思えて、落第生だという引け目も消えていきました。

通常の同級生のように「大野」と呼び捨てではなく、「大野さん」と「さん」づけで呼ばれることは続きましたが、その一方で、受け入れられているという安心感が生まれて、少しずつですが、勉強もするようになっていきました。

グルグル思考と認知行動療法の「自動思考」は違う

大型連休などで休みが続くと、仕事や学校から離れてゆっくりできるという方は少なくないと思います。

ゆっくりすることで心身の疲れがとれるとよいのですが、時間ができたおかげで、かえっていろいろと考えごとをしてしまって、疲れがたまっている人がいるかもしれません。

暇《ひま》になると、忙しくしていると考えないですんだことが浮かんできやすくなります。いわゆる「グルグル思考」です。

誤解されやすいのですが、このグルグル思考は、認知行動療法でよくいわれる「自動思考」とは違います。

前でも紹介した「反すう」がグルグル思考で、ストレスがたまっているときには、イヤな考えが次々浮かんできます。

一方、自動思考は、ある出来事を体験したときにとっさに浮かんでくる考えで、瞬間的なものです。

自動思考は瞬間的な判断ですので、ネガティブなものもあれば、ポジティブなものもあります。

落ち込んでいるときには、ネガティブに考えすぎていることが多いので、認知行動療法では、もう一度現実に目を向け直して情報を集め、より適切な判断や工夫ができるように手助けしていきます。

一方で、グルグル思考の場合にはまず、「問題解決の役に立たない考え」に支配されそうになっていることに気づくことが必要です。

そして早めにその考えをストップさせるようにできるとよいのですが、それには身体を動かすことが役に立ちます。

同時に、先に進めるように考えを変えていくことも大事です。

一般に、グルグル思考の場合には「なぜなぜ思考」になっています。

なぜこんな問題が出てきているのか——その理由を探ろうとする考えです。

しかし、理由がわからないことが多く、それを考えているとますます落ち込んでいきます。

そのようなときには、何が問題かを具体的に考えて、問題を小分けにして一つひとつ対処法を考えていくようにします。

そうしているうちに、次第にグルグル思考から解放されて、先に向けて進んでいけるようになります。

「こころの栄養」を増やしていきませんか？

この項では、「行動活性化」と「こころの栄養」について書くことにします。

「行動活性化」というのは、うつ病の認知行動療法でよく使われる技法の一つですが、誤解されることの多い方法でもあります。

認知行動療法のことをよく知っている人でも、行動活性化について、行動を活性化することだと間違って理解していることが少なくありません。

そのために、うつ病の人に、いろいろな行動を提案して活動するように勧《すす》めている場面を見かけます。

しかし、うつ病の人はこころの元気がなくなっているのですから、行動をするように勧められても、簡単に動くことはできません。

場合によっては、身体を動かすように勧められたのにできない自分を責めて、さらにつらい気持ちになってしまうことさえあります。

行動活性化というのは、行動を活性化する方法ではなく、行動を通してこころを活性化する方法です。

私たち誰もが経験していることですが、気持ちが落ち込んでいるときに何もしないでいるとよくないことばかり考えるようになります。

過去の失敗を思い出して落ち込んだり、これから先に起こる可能性のある失敗を考えて不安になったりします。

前で紹介した「グルグル思考」が始まってしまって、ますます身動きがとれなくなってしまうのです。

その結果、何もできない自分を責めて、さらにつらさが増すことになります。

そうしたときには、いまの生活の中で少しでも気持ちが楽になる活動を見つけて増やしていくようにするのが役に立ちます。

これが行動活性化です。

それを、奈良にある精神科病院ハートランドしぎさんの徳山《とくやま》明広《あきひろ》院長は「こころの栄養になる活動」と表現しています。

私が尊敬する臨床家のお一人ですが、行動活性化のポイントを的確に捉《とら》えたわかりやすい表現で感心しました。

徳山先生が、日々の診療の中で、こころを元気にする栄養のもとを一緒に見つけていこうと、患者さんに語りかけている様子が目に浮かびます。

なかなか行動を起こせないときには、自分のこころの栄養になる活動を見つけていっていただければと思います。

「決めつけ言葉」は時に、自分を追い込んでしまう

こころの栄養になる活動をすることで、こころを元気にするというお話をしましたが、気持ちが沈み込んでいる人は、

「何をやっても全然楽しめない」

とおっしゃることがよくあります。

「そもそも落ち込んでいるのだから、何かをしようとする気力さえ全然湧いてこない」

とおっしゃる方も多くいらっしゃいます。

落ち込んでいるときには、たしかにそう思えるかもしれません。

しかし、このように「何をやっても」とか「全然」とかいった決めつけ言葉には注意が必要です。

そのように決めつけることで、自分自身で自分を追い込んでいる可能性があるからです。

「何をやってもどうせダメだ」と考えていたのでは、気力が湧いてきません。

その結果、何もできず、「やっぱりダメだった」と考えて、ますます元気がなくなってきます。

このように頭の中だけで考えていたのでは、先に進むことができません。

何もできていない自分が惨《みじ》めに思えてきます。

そのようなときには、現実に目を向けて、実際の行動の結果を見ながら工夫をしていく必要があります。

「そう言われても、行動できていないので、結果を見ることなんてできない」と考える人がいるかもしれません。

「行動」を「身体を動かすこと」と考えると、そう考えやすいので注意が必要です。身体を動かさない行動だってあります。

たとえば、何もしないで横になっているという行動です。「何もしない」と書きましたが、そのときは、「横になる」という行動をしています。

そこで大事なのは、「横になる」という行動をとることで身体や気持ちがどのように変化するかです。

それで疲れがとれるようであれば、そのような行動が役に立ちます。

逆に、横になっていろいろ考えてしまうようであれば、それをやめたほうがよいでしょう。

ここでお伝えしたかったことは、私たちはいつも何か行動をしているということです。そのとき、その行動が自分のこころの栄養になっているかどうかを振り返りながら、行動を調整していっていただきたいと思います。

「頑張らないといけない」にしばられない

先日、精神医療の専門家を対象に行われたうつ病の認知行動療法の研修会を担当しました。その中で、行動することでこころを元気にする「行動活性化」についても説明しました。

そこに出席していた先輩の精神科医が、

「うつ病の治療は休養から始めることが大切だと言われてきたが、行動活性化の考え方と矛盾するのではないか」

と質問されました。

たしかに、うつ病でこころに元気がなくなっているときには、無理に動かないで休むことが役に立ちます。

それは、何としてでも頑張らないといけないという思いにしばられないようにするためです。

気持ちが沈み込んでいるときに頑張ろうとしても、頑張りに必要なエネルギーは湧いてきません。

そのようなときには、動けない自分をそのまま受け入れて、動かないで静かに休むことに意味があります。

つまり、「動かない」という活動を通して、「何とかしないと大変なことになる」という考えが必ずしも正しくないことを認識することが役に立つのです。

それと同時に、休みながら次の手を考えていくことで、先に進める可能性が生まれてきます。

ただ、休んでいるばかりだと、こころのエネルギーは徐々《じょじょ》に失われていきます。

何かをしてみたいという前向きな気持ちになれるのは、ある体験をして、それが自分にとって意味があると感じられたときです。

脳科学的に言えば、「報酬系」と呼ばれるドーパミンに関連した神経システムが刺激されてはじめて、またやってみたいという意欲が湧いてきます。

以前に、禅の高僧と話をしたことがあります。

その人は、うつ状態の人に座禅をしてもらうのは難しいとおっしゃっていました。どうしても雑念が湧いてきてしまうからです。

そのような人には、まず庭そうじをしてもらうのだそうです。

そうじをして、きれいになっている庭を見るとこころが癒やされます。

そうじができた自分に気づくこともできます。

もし少ししかそうじができなくても、そのような行動をとろうとした自分がいることに気づくことができます。そうすれば、何もできないと考えていた自分のイメージがよい方向に変わってくるはずです。

第3章

うまくいかないとき

——気分転換で発想を変える

やる気が起きないときの最初の一歩

暑い日が続いたりすると、やむをえない場合以外は、屋外に出るのがイヤになってしまいます。コロナ禍のときもそうでしたが、何もしないで家で過ごしていると、こころや体のバランスを崩《くず》しやすくなります。

何かをして楽しいと感じる経験をしなければ、何かをしようという意欲は湧いてきません。

楽しい体験だけではなく、やりがいを感じる体験もまた、こころを元気にするためには大切です。

少し大変でも、やりがいを感じることができれば、もう一度その体験をしてみたいと思うようになります。

もっとも、楽しい体験ややりがいのある体験がこころを元気にすると言われても、そのような体験をするだけの元気が出ないということもあります。

そのために何もすることができず、結局何もできなかったという後悔の思いだけが残って、さらに元気がなくなるという悪循環に入っていってしまうこともあります。

何かをする気になれないときには、最初からあきらめるのではなく、2分でも3分でも、手をつけてみるようにしましょう。

私自身は、原稿の締め切りが迫っているのに、手をつける気力がなかなか湧かないことがあります。

そのために、ついテレビの前に座って、ボンヤリとテレビを眺《なが》め続け、いつの間にか時間がすぎていたりもします。

そのように意味もなく時間を浪費していることに気づいたときには、思い切って机の前に座って、少しだけ文章を書いてみるとよいようです。

内容は二の次で、書くという作業に取りかかるのです。

そうしているうちに、書こうという意欲が少しずつ出てきて、気がついたら30分、1時間とすぎていることが少なくありません。

こうしたことは、仕事だけでなく、部屋の掃除や片付けなど、何にでも当てはまります。

自転車をこぎ始めるときと同じです。

最初は力を入れてペダルを踏まないといけませんが、自転車が動き始めると、そんなに力を入れなくても自然に前に向かって進んでいきます。

「千里の道も一歩から」という諺があります。

これは、まず一歩を踏み出すのが大事だということに加えて、最初の一歩はエネルギーがいっても、リズムに乗れば自然に前に進めるようになるという意味が含まれているのだと、私は考えています。

不安な現実から自分を守るために

先日私は、熱い日差しの中を歩いた後に建物に入ろうとしたら、入り口にある体温測定器の動作が不安定になってしまいました。しばらくたって体温が落ち着いてから測り直して、ようやく建物の中に入ることができました。

このところの夏は、昔では考えられないような猛暑で、そのたびに、熱中症で倒れる人の報道が相次いでいます。

早め早めに水分をとるように、家の中ではエアコンを使うようにと呼びかけられても、指示通りに対応していない人がいるようです。

気候温暖化の影響は、暑さだけではありません。

線状降水帯のために大雨が降って、川の氾濫《はんらん》や土砂《どしゃ》崩れなどの自然災害も多く発生しています。

危険の可能性があるときには早く避難するようにと言われても、避難するのが遅れる人も少なくありません。

テレビを観ていると、明らかに冠水している道に入っていって動けなくなっているクルマが、たくさんいます。

このように熱中症や自然災害のニュースを見ていると、私たちの感情が生活の中で果たしている役割の大切さがよくわかります。

不安という感情は、自分の身を守るために必要なこころの動きです。

何か危険が迫っていると思ったときに、不安という感情が自然に湧いてきます。

ですから、不安を感じたときには、自分のまわりに危険なことが起きていないかどうかを確認する必要があります。

もし危険なことが起きていれば、逃げるなど、早めに対応する必要があります。

危険ではないと判断できたときには、そのまま様子を見ていくようにします。

ただ、そのように不安になったとき、私たちはその感情を無視して、そのままやり過ごすことがあるので注意しなくてはなりません。

「正常化バイアス」と呼ばれるこころの動きです。

「まだ大丈夫、問題はない」と考えて、現実から目をそらしてしまうのです。

不安な現実に目を向けるのが怖いのでしょう。

でも、そうしたときこそ勇気をもって、不安な現実にきちんと目を向けて自分を守る必要があるのです。

こころの動きは外見だけで分類することはできない

ＮＨＫが朝に放送している連続テレビ小説は精神科医の私にとって興味深い内容のものが多く、２０２３年に放送された「らんまん」も毎回楽しく観ていました。「らんまん」は植物学者の牧野富太郎《まきのとみたろう》博士の生涯をモデルとした内容ですが、現在の精神疾患の分類が植物学を参考にしてつくられたことを知っている人は少ないかもしれません。

このドラマでも詳しく描かれているように、植物学は、それぞれの植物を細かく観察することで発展してきました。

葉の形や棘《とげ》の有無、花がつくかどうかや花の形など、一つひとつの植物を丁寧に観察して分類していったのです。

そのうえで、植物の遺伝子を調べて、さらに正確な分類をつくり上げることで、現在の植物学ができあがってきました。

じつは、1970年代、精神医学でも、植物学と同じ手法を使って精神疾患《しっかん》を分類できないかと考えられるようになりました。

精神疾患の脳神経の働きや、遺伝子を研究する生物学的精神医学が盛《さか》んになってきた時代です。

植物学と同じように、丁寧に精神症状を分類して、その背景にある脳神経の働きや、それに影響する遺伝子を解明することができれば、精神疾患を的確に診断して治療できるようになるのではないかと考えたのです。

1980年、そのように考えたアメリカ精神医学会は、「DSM-III」と呼ばれる「精神疾患の診断と分類、第III版」をつくって出版しました。

細かく症状を分類したDSM-IIIは画期的で、その後、精神疾患に関係する脳神経や遺伝子の研究が盛んに行われました。

ところが、その期待に反して、40年以上たった今でも、精神疾患の脳機能の解明は十分には進んでいません。

ほかの体の病気のように、血液や脳波などを使って診断できる精神疾患はまだ一つもありません。

植物のように、外見だけで分類することはできないことがわかったのです。

考えてみれば、人間のこころの動きは、単に脳の働きだけで決まるものではありません。

人と人との交流など、環境にも大きく影響されます。

生まれつき決まっているものもあれば、生まれてから変わるものもあります。

私は「らんまん」を観ながら、こうした人間のこころの複雑さを感じていました。

自分ができることに目を向けていく

オーディオブックを使う人が増えているというニュースが目に留まりました。

車で移動することが多い地方と違って、東京などの大都市では電車やバスなどの公共交通機関を使って移動します。

そうした移動のときに、スマートフォンを通して本の読み上げを聴く若い人が多くなっているというのです。

私も公共交通機関を使う一人です。

そのときに、スマートフォンで本を聴くことができれば、たしかに便利です。

もっとも、これまでも私は移動中に、スマートフォンを使ってYouTube動画を観ていました。

年をとってきてスマートフォンの小さい文字を読むのが大変になってきた私にとって、動画と音声で情報を入手できるYouTubeはとても便利です。

なかでも、よく視聴しているのが、認知行動療法の創始者のアーロン・ベック先生のYouTube動画です。

アーロン・ベック先生は、生前、数分の動画から1時間半に及ぶ動画まで、いくつかの動画をYouTubeにアップしています。

便利な世の中になったと思うのですが、もう亡くなっているアーロン・ベック先生の話を直接聴いて勉強することができるのです。

そういえば、アーロン・ベック先生がオーディオブックを積極的に使っていたと、娘のジュディス・ベック先生から聞きました。

アーロン・ベック先生は、90歳前後から、緑内障のためにほとんど目が見えなくなっていました。

知的好奇心が旺盛で、本を読むのが好きだったアーロン・ベック先生にとって、目が見えなくなって本が読めなくなるのはさぞ苦痛だったと思います。

しかし、ベック先生は、そのような厳しい状況の中で、オーディオブックを利用して本を読むことを続けたのです。

自分が自分らしく生きるために、できないことではなく、できることに目を向けていく認知行動療法の考え方を実践していたのです。

それができたのは、本を読みたい、新しい知識を吸収したいというこころからの思いにきちんと向き合ったからでしょう。

できないことにではなく、できることに目を向けるのは難しいことですが、そのヒントをベック先生の生き方から学べると思いました。

こころの警報器が鳴りやまないとき

親しい人から悩みの相談を受けたときに、どのように対応すればよいかと質問されることがよくあります。

親身になりすぎると一緒に悩んでこころが揺れてしまうし、だからといって素っ気なくしたのでは申し訳ないという気持ちがします。

そのような質問に対して、私は、そのとき相手の人が感じている気持ちを否定しないようにすることと、自分だったらどうするかをこころの中で考えてみるように勧めています。

まず、相手の人の気持ちを否定しないことから説明していくことにします。

親しい人が落ち込んだり不安になったりしてつらくなっているのを見ていると、自分もまたつらくなってきます。

そのために、そんなに思いつめないようにと、つい言ってしまうこともあります。

しかし、それではその人の気持ちを否定してしまうことになります。

せっかくつらい気持ちを打ち明けたのに否定されてしまうと、その人はますますつらくなってしまいます。

それに、その人がつらい気持ちになっているのは、それなりの理由があるはずです。

それを否定されてしまうと、その人はもっとつらい気持ちになってしまいます。

こころの痛みにしても、体の痛みにしても、痛みには意味があります。

こころや体の痛みは、何かはわからないが、注意をしないといけないことが起きているということを伝える警報です。

気持ちが沈み込むのは、何か大切なものをなくしたのではないかと、こころが私たちに伝えているからです。

不安になるのは、危険が迫っているかもしれないということを、こころが私たちに伝えているときです。

腹が立つのは、ひどいことをされたと、こころが判断したからです。

そのようなときに、気にしないようにと言ってしまうのは、その警報を切るようにと言うのと同じです。

そうではなく、日常の生活で警報が鳴っているときに、何か危険なことが起きていないかどうかを確認するのと同じように、こころの警報器が鳴ったときには、現実に何か問題が起きていないかを一緒に確認するようにしてください。

その結果、問題がなければそれでいいでしょうし、問題があればあわてずしっかり対応するようにします。

痛みを抱えながら自分らしく生きる力

宮城県女川町の健康づくり講演会に呼ばれて行ったことがありましたが、その講演会の前に、「聴き上手ボランティア」の方々と昼食をとりながら歓談する機会を設けてもらいました。

みなさんは、震災直後の苦労話はもちろんのこと、最近の活動について笑顔で話していました。

そのような明るい表情に触れると、私自身の気持ちも軽くなってくるのを感じて笑顔になってきます。

笑顔は伝染するのだと、あらためて感じます。

その一方で、みなさんが被災後に体験してきたこれまでの苦労が頭をよぎります。家族など大切な人をなくした人もいれば、家や家財道具を流されて別の地域で生活するようになった人もいます。

その大変な苦労は、決して消え去ることはないでしょう。

そのようなことを考えながら、しばらく前にＮＨＫの「クローズアップ現代」で取り上げていた「ネガティブ・ケイパビリティ」について考えていました。

番組内では「モヤモヤ思考」と表現されていましたが、「ネガティブ・ケイパビリティ」というのは、スッキリしない状態を抱え続けるこころの力のことです。

私たちは、生きていく中でいろいろな課題、難題に直面します。

それをスッキリと解決できればよいのですが、そう簡単にいかないこともたくさんあります。

いくら考え方を変えても、厳しい現実は、現実として目の前に、そして記憶に残り続けます。

被災体験は、まさにその例です。

そのようなときに、こころの痛みを抱えながらも、自分らしく生きていくことが求められます。

聴き上手ボランティアの人たちのように、自分が大事だと思う活動を続けることが力になります。

それも、ただ一人で頑張るのではなく、同じ思いを持った仲間と一緒に活動を続けることが力になります。

そうするうちに、こころの痛みは残りながらも、日薬《ひぐすり》、時薬《ときぐすり》、そして人薬《ひとぐすり》がこころを癒やしていくのだろうと思います。

第4章

楽しいから、やる！

── アスピレーションの効果

こころを元気にするために大切なこと

こころを元気にするためにはアスピレーション、つまり「自分にとって大切なことを意識すること」が大切です。

でも、アスピレーションが大事だと言われても、落ち込んだり不安になったりしているときにはそう簡単に思いつかないし、実現することもできないと考える人は多いでしょう。

たとえば、落ち込んで外来受診している人に、突然、あなたにとって人生で大事なことは何ですかと聞くと、自分のつらい気持ちに寄り添えてもらえていないという気持ちになるはずです。

将来のことなど考えられないほどに追い込まれているのですから、そのような気持ちになるのは自然なことです。

外来でなくても、一人で悩んでいるときに、将来の夢について考えても、何をしても実現するのは無理だと思えてつらくなるばかりです。

落ち込んでいるときには、自分に自信をなくしていますし、将来への希望も感じられなくなっています。

ベック認知行動療法研究所の所長のジュディス・ベック先生とそうした話をしているときに、彼女は、落ち込んでいるときではなく、気持ちが楽になったときに、アスピレーションについて考えてみるのがよいと話していました。

でも、気持ちが落ち込んでいるときには、楽になることなどありそうにないと思うかもしれません。

しかし、私たちの気持ちはいつも微妙に変化しています。

自分が好きなことややりがいのあることをしているときには、ごくわずかであっても気持ちが軽くなります。

このように気持ちが軽くなった状態を、専門的には「適応モード」と呼びます。

そうした「適応モード」の状態にあるときに、アスピレーションについて考えてみると、将来に向けての思いを見つけやすくなります。

最近のことでなくても、過去の体験の中で、楽しかったことややりがいを感じたことを思い出してみてもよいでしょう。

それも、タイムマシーンでそのときに戻ったようなイメージで、そのときのことを細かく思い出すのです。

その場にいるかのような雰囲気になってくると、こころが「適応モード」になって気持ちが軽くなり、将来に目を向けられるようになってきます。

完璧にできないと自分を責めていませんか？

私たちは、いろいろな問題に出会うと早く解決しないといけないと考え、それができないと自分を責めてしまうことがあります。

何でも完璧にこなさないといけないと考え、少しでも不備があると、自分の手落ちだと考えてしまうこともあります。

しかし、世の中、早く完璧にできることはそうありません。

いろいろなことを試行錯誤しながら、時には立ち止まりながら、ほんの少しずつ進んでいくことのほうがずっと多いのです。

たしかに、「早く」「完璧に」と考えることは大切です。

そう考えることで、私たちは先に向かって進んでいくことができます。

「早く」「完璧に」と考えても簡単にいかないことはたくさんあります。

そのときに自分を責めてしまうと、精神的に追い込まれて、本来持っている力を発揮できなくなります。

そのようなときには、期待することと現実にできることとを区別して考えることが役に立ちます。

自分がどのようになりたいかを考えながら実際に行動し、その結果を踏まえて次の手立てを考えるようにします。

そのプロセスと結果を振り返り、次に進む手立てを考えながら、試験的に行動してみる。そうやって少しずつでも進むことができれば、自分が期待する現実に近づいていくことができます。

その間は、たしかにつらい気持ちになるでしょう。

でも、あきらめないことです。

そのつらさを抱えながら、自分の夢を見失わないでいられれば、自分らしく生きていくことができるようになります。

それを支えるこころの力が、「ネガティブ・ケイパビリティ」です。前でも触れましたが、「ネガティブ・ケイパビリティ」というのは、曖昧《あいまい》さを抱えるこころの力で、作家で精神科医の帚木《ははきぎ》蓬生《ほうせい》さんが、同名の著作の中で詳《くわ》しく論じています。その著作の副題は「答えの出ない事態に耐える力」（朝日選書）となっています。

ＮＨＫの番組では、枝廣《えだひろ》淳子《じゅんこ》さんの著作『答えを急がない勇気』（イースト・プレス）も取り上げられていましたが、その本の帯には、「早さ・効率だけでは解決しない！」と書かれています。

まさに、その通りだと思います。

ポジティブな面に注目してみませんか？

２０２３年11月に、第12回日本ポジティブサイコロジー医学会の学術集会が開催されました。ポジティブサイコロジーの考え方を提唱したのは、アメリカの心理学者のマーティン・セリグマン先生です。

セリグマン先生は、アメリカ心理学会の会長を務めたときに、それまでの心理学が人間心理のネガティブな側面にばかり目を向けていたことに問題意識を持ちました。

私たちは、ストレスを感じるような状況に置かれると、うつや不安、怒りなどのネガティブな感情を体験します。

そうした感情は、何か対策を立てないといけない問題が起きているということを伝える警報器（アラーム）の役割を果たしています。

そうしたこころの警報器が鳴ったときには、あわててそれを消すのではなく、何が起きているかを確認する必要があります。

そのときに、実際に問題が起きていた場合には、必要な対策を立てて対応しなくてはなりません。

だからといって、焦らないことです。

焦ってしまうと、場当たり的な対応になって、自分が本来持っている力を発揮することができなくなります。

一息入れて、自分を取り戻し、自分の力を発揮できるこころの状態を取り戻す必要があります。

そのときに大切なのが、私たちが本来持っているこころの力です。

その力を上手に使うことができれば、問題に対処し、解決することができるようになります。

このように考えると、自分らしく生きていくためには、こころのネガティブな面だけでなく、ポジティブな面にも力を向けることが大切だとわかります。

しかも、気持ちがポジティブになれば、ストレス状況でもいろいろと工夫できるようになってきます。

私たち誰もが持っているそのようなポジティブな力に目を向けたのが、マーティン・セリグマン先生です。

その考え方は、心理学に止《とど》まらず、さまざまな領域に影響を与えています。

力を合わせることで前に進んでいける

2023年のポジティブサイコロジー医学会の学術集会では、メインテーマを「ポジティブサイコロジーとウェルビーイング経営」としただけあって、専門家だけでなく、企業の関係者などにも参加していただいて、ずいぶん勉強になる会になりました。

学術集会の最初が私の短時間の講演で、「エンジョイ・ワーク、エンジョイ・ライフ」と題して話をしました。

この演題名は、慶應義塾大学野球部の監督だった前田祐吉氏の言葉「エンジョイ・ベースボール」を参考にしてつけました。

今回の学術集会が慶應義塾大学の三田キャンパス内で開催されたことや、今年の夏に慶應義塾高等学校が甲子園で107年ぶりに優勝したこと、秋の六大学野球で大学野球部が完全優勝したことから、高校野球部監督だった上田誠さんの著書『エンジョイ・ベースボール―慶應義塾高校野球部の挑戦』（生活人新書）からのネーミングです。

そういえば、最近、慶應義塾中等部の学校説明会で、「エンジョイ・ベースボールというのは、野球をして遊ぼうという意味ではない」という説明があったと、参加した小学生の親から聞きました。

たしかにその通りで、「エンジョイ・ベースボール」というのは、野球をすることを楽しむという意味です。

その核になる考え方について、私の体育会空手部の後輩から、

① 自分で考えること
② 実行すること
③ 仲間への気配り

の3つに集約できると教わりました。

練習でも試合でも、人から言われて何かをするのではなく、自分で何が大事かを主体的に考えて行動することです。

行動するときには、自分の持っている力を可能な限り発揮して、着実に実践していく必要があります。

それが可能になるためには、自分一人で頑張るだけでは不十分で、人とのつながりが不可欠です。

お互いがお互いに配慮し合いながら力を合わせることで、目標に向かって進んでいくことができるようになります。

こうしたこころの持ち方が大事なのは、スポーツの世界に限ったことではありません。そうしたことが伝わればと考えて、学会で「エンジョイ・ワーク、エンジョイ・ライフ」の話をしました。

自分の中にある夢や目的をあきらめない

最近、認知行動療法の文献の中で「アスピレーション」という言葉を目にすることが多くなってきました。

アスピレーションというのは、前でも触れましたが、別の表現をすると「それぞれの人がこころの中で大切に持っている将来に向けての夢」です。

これは、認知行動療法の創始者のアーロン・ベック先生が、重い精神疾患のために20年、30年と入院を続けている人のための認知行動療法を開発する中で重視するようになった言葉です。

この言葉は、専門家だけが一方的に考え出した言葉ではなく、精神疾患に苦しんでいる人やその家族、専門家など関係する人たちが一緒に考え出した言葉です。

私たちは誰もが、将来に向けての夢を持っています。

生きる目的と言い換えてもよいでしょう。

その夢をはっきりと認識している人もいれば、ボンヤリとしか認識できていない人もいます。

どちらであっても、こころのどこかにそうした夢や目的を持っているからこそ、私たちはつらい体験をしても生きぬいていくことができるのです。

以前、ポジティブサイコロジーの考え方を提唱したマーティン・セリグマン先生と話をしたことがあります。

セリグマン先生はベック先生と親しく、毎月会っていろいろなことを話し合っていました。

その中で二人は、人間と動物の違いは、将来を考えることができるかどうかだということで意見が一致したそうです。

目の前の出来事に動物的にこころを奪われるのではなく、将来を考えて工夫していけるのが人間だというのです。

もちろん、私たちはいろいろな問題を体験しますし、そのために気持ちが動揺することがあります。

しかし、そのようなときでも、自分の夢、生きる目的を意識することができれば、自分を取り戻すことができます。

こころを整えて、自分が期待する現実に近づく努力をすることができるようになります。

これは、精神疾患に苦しんでいる人だけでなく、こころを整えて自分らしく生きていこうとする人、すべての人にとって大切な考え方です。

郵便はがき

１６２-０８１６

恐れ入ります
切手を
お貼りください

東京都新宿区白銀町１番１３号

きずな出版 編集部 行

フリガナ

お名前　　　男性／女性　未婚／既婚

(〒　　　-　　　)

ご住所

ご職業

年齢　10代　20代　30代　40代　50代　60代　70代～

E-mail

※きずな出版からのお知らせをご希望の方は是非ご記入ください。

愛読者カード

ご購読ありがとうございます。今後の出版企画の参考とさせていただきますので、アンケートにご協力をお願いいたします(きずな出版サイトでも受付中です)。

[1] ご購入いただいた本のタイトル

[2] この本をどこでお知りになりましたか?

1. 書店の店頭　2. 紹介記事(媒体名:　)
3. 広告(新聞/雑誌/インターネット:媒体名　)
4. 友人・知人からの勧め　5.その他(　)

[3] どちらの書店でお買い求めいただきましたか?

[4] ご購入いただいた動機をお聞かせください。

1. 著者が好きだから　2. タイトルに惹かれたから
3. 装丁がよかったから　4. 興味のある内容だから
5. 友人・知人に勧められたから
6. 広告を見て気になったから
(新聞/雑誌/インターネット:媒体名　)

[5] 最近、読んでおもしろかった本をお聞かせください。

[6] 今後、読んでみたい本の著者やテーマがあればお聞かせください。

[7] 本書をお読みになったご意見、ご感想をお聞かせください。
(お寄せいただいたご感想は、新聞広告や紹介記事等で使わせていただく場合がございます)

ご協力ありがとうございました。

「あきらめの気持ち」が変化を阻《はば》んでしまう

前で紹介したように、アスピレーション、つまり自分の夢や生きる目的を意識することができれば、ストレスを感じるような体験をしても、動揺したこころを整えて自分らしい生き方ができるようになってきます。

しかし、そうは言っても、ストレスを感じているときに自分の夢を意識することなどできないと考える人は、少なくないでしょう。

たしかに、その通りです。

だからといって、あきらめてしまうと、それ以上の変化を起こすことはできません。

ポジティブサイコロジーの提唱者のマーティン・セリグマン先生は、「学習性無力感」の研究でもよく知られています。

「学習性無力感」というのは、苦痛な状況が続いて、自分の力ではそれを変えることができないと考えるようになると、あきらめの気持ちが強くなり、本来持っている力を発揮することさえできなくなるこころの状態です。

そのことを、セリグマン先生は50年以上前、犬を使った実験で発見しました。

その実験では、犬を3つのグループに分けます。

第1グループの犬には何もしません。

第2グループの犬の脚には、電流が流れる装置をつけ、電流を流します。犬は当然驚くのですが、目の前にあるボタンを押すと電流を止めることができます。

その結果、その犬は、苦痛な体験をしても、自分でその苦痛から逃げることができることがわかります。

第3のグループの犬は、同じように電流が流れる装置を脚に取りつけられます。その犬も、第2のグループの犬と同様に目の前にボタンがあるのですが、そのボタンをいくら押しても電流を止めることができません。

その犬は、いくら努力しても自分には苦痛な環境を変える力がないということを学習することになります。

その後、この3つのグループの犬を床の上に置いて、その床に電流を流してこれらの犬の行動を観察します。

そうすると、第1グループの犬だけでなく、自分で苦痛な状況を変えられる体験をした第2グループの犬は逃げ出します。

ところが第3グループの犬は、もう動こうとしないのです。

これが学習性無力感の状態ですが、この研究については、このあとでも、もう少し解説したいと思います。

つらい状況は考え方しだいで変わる

マーティン・セリグマン先生の「学習性無力感の研究」は、50年以上前に発表された研究ですが、いまでも重要な意味を持つ知見を含む貴重な研究です。

第3グループの犬は、電流が脚に流れて、あわてて目の前にあるボタンを押しても何の変化も起こりません。

いくらボタンを押しても変わらない現状に、「どうせ何をやってもダメだ」と考えるようになり、何かをする意欲が失われていきます。

私たちは、何かをして楽しかったりやりがいを感じたりすると、「またやってみよう」と考えるようになります。

意欲は、ただ待っていても出てきません。

楽しいこと、やりがいのあることをして脳の報酬系を刺激することで、もっとやってみようという意欲が湧いてくるのです。

しかし、「どうせ何をやってもダメだ」と考えるようになると、当然のことですが力が湧いてきません。

そのために、挑戦することをあきらめるようになります。

挑戦したとしても、「どうせダメだ」と考えているために力を出しきれず失敗して、「やっぱりダメだった」と考えるようになります。

しかし、いくらつらくても、ボタンを押せば電流が止まる第2グループの犬のように、「工夫すれば何とかなる」と考えるようになっていると、困った状況を切り抜けようとする意欲が湧いてきます。

もちろん、最初のうちはつらくてあきらめたくなります。

実際に、第2グループの犬は、「何とかなる」とわかるまではストレスホルモンがたくさん出ていることが、その後の研究からわかっています。

でも、あきらめないで工夫しているうちに、自分の力でつらい状況をコントロールできることがわかると、次に向けて進めるようになります。

そのときに、ただやみくもに頑張るのではなく、自分が何のためにそのようにしているのか、その意味がわかると頑張り続けられるようになります。

そのためにはアスピレーション、つまり自分の夢や生きる目的を意識することが役に立ちます。

もちろん、気持ちがつらくなっているときにアスピレーションに目を向けるのは難しいので、楽しいことややりがいのあることをして気持ちが軽くなったときに考えてみるようにしてください。

第5章

助けを借りる

――「つながり」が力になる

あなたが楽しいのは、どんなときですか？

アスピレーション、つまり将来の夢や思いについて考えるのは、楽しいことややりがいのあることをして気持ちが楽になったときがオススメです。

気持ちが楽になっている、とくにワクワクしているのは、自分が好きなことをやっているからです。

そのときにしていることの中に、自分が楽しみややりがいを感じられることが隠れているはずです。

しかも、気持ちが前向きになっているときには、自分がこれからどのように進んでいけばよいか考えるだけのこころの余裕があります。

どうせ何をやってもダメだというこころのブレーキが外れて、新しいアイディアが浮かびやすくもなっています。

２０２３年12月に開かれた日本認知療法・認知行動療法学会の講演で私が「楽しくなければ頑張れない、夢があるから頑張れる」という内容で話をしたのは、そのことを伝えたかったからです。

認知行動療法では、これまで一般に、気持ちが落ち込んだときのこころの動きに目を向けるように言われてきました。

そのときに頭に浮かんでいる考えやイメージを手がかりに、ネガティブに考えすぎていないかどうか、現実を俯瞰しながら検証していきます。

実際には思ったほど悪いことばかりが起きているわけではないとわかると、気持ちが楽になります。

気持ちが楽になると、もう少し工夫をしてみようかという意欲が湧いてきます。

そこで頭に浮かんだ工夫を現実に試《ため》してみるだけの気力も出てきます。

そうした方法は、たしかに役に立ちます。

しかし、そのようにつらい現実に目を向けて工夫できるのは、ある程度こころにエネルギーがあるときです。

どうせダメだと考えるようなこころの状態のときには、そのように現実に向き合うことはできません。

そして、結局、何をやってもダメだったという思いになります。

実際には何もしていないのですが……。そうしたことを避けるためには、問題に向き合う前に、それが可能なこころの状態を意識的に作り出すことが役に立ちます。

気分転換が現実逃避の手段になっていないか

悩みに目を向けて問題に対処するためには、それだけのこころのエネルギーが必要です。

ですから、近年注目されている認知行動療法「リカバリーを目指す認知療法CT-R」では、その人がイキイキできている瞬間にしていた活動に目を向けて、そのようにこころが元気になる活動を増やしていくようにします。

ただ、そのときに気をつけなくてはならないことがあります。

何でも、楽しい活動をすればよいというわけではありません。

楽しい活動が現実逃避の手段になっている可能性があるからです。

たとえば、仕事がつらいからといって、気を紛《まぎ》らわせるためにアルコールに手をつけてしまうと、きちんと仕事に向き合えなくなります。

勉強するのがつらいからといってコンピュータゲームばかりしていると、勉強が遅れてしまいます。

気分転換と思っていることが、現実逃避の手段になってしまうことがあるのです。そのことに自分で気づきにくいのも問題です。

私たちは、ほとんどの行動を意識しないで行っています。行動を一つひとつ意識していると、時間がかかりすぎるからです。

そのため、気がつかないうちに、好ましくない行動を続けてしまうことになります。

そうした状況になるのを避けるためには、時々自分の行動を振り返ってみることが役に立ちます。

認知行動療法活用サイト「ここトレ（こころのスキルアップ・トレーニング）」のスキル練習「行動活性化」は、自分の行動を振り返る目的でつくられたものです。

そこではまず、どのような行動が自分の気持ちを軽くしているかを確認します。

それと同時に、その行動が、自分の役に立っているかどうかも確認します。

そのためには、自分がこれからどのような方向に進もうとしているのかを意識することが大切です。

そして、自分の今の行動が、自分が期待している現実を実現するために役に立っているかどうかを判断するのです。

役に立っていてやりがいを感じているようであれば、少し厳しくても踏ん張ったほうがよいでしょう。

もし自分が期待する方向に進めていないようであれば、別の方向に進むことを考える必要があります。

ネガティブ・ビリーフを克服する工夫

２０２４年は、能登半島地震や日航機と海保機の衝突事故が起こるなど、こころが痛むことの多い年明けになりました。

このような厳しい出来事に直面すると、誰でもこころが傷つきます。認知行動療法で「ネガティブ・ビリーフ」と呼ばれるネガティブな思い込みが強くなるからです。

ネガティブ・ビリーフは、おもに3つに分けられます。

① 自分は愛されないのだという思い込み（unlovable belief）

②　自分は無力だという思い込み（helplessness belief）
③　そして自分には価値がないという思い込み（worthlessness belief）

能登半島地震のような自然災害に直面したときには、とくに無力感の思い込み（ビリーフ）が強まります。

圧倒的な自然の力を前にすると、人間にはとうてい立ち向かうことができないような気持ちになってしまいます。

現実的にはたしかにそうなのですが、私たちの祖先は、そうした状況を克服するためにいろいろな工夫をしてきました。

私たちが現在、毎日を安心して過ごせるのはそのおかげです。

もちろん油断は禁物で、東日本大震災や熊本地震、能登半島地震、それ以外にも各地で起きている豪雨災害など、人間の手に負えないような自然災害は起こります。

しかし、それでもあきらめなかった私たちの祖先のように、あきらめないで工夫を続ければ、また新しい世界が開けてきます。

私たちには、その力があるのです。

そのとき、一人では、本来持っている自分の力を発揮することができません。

一人でいると、

「自分は誰にも愛されていないんだ。自分にそれだけの価値がないからだ」

という「unlovable belief」や「worthlessness belief」が強くなって、こころのエネルギーを奪っていってしまいます。

そうしたこころの状態を変えていくためには、人と人とのつながりを実感する必要があります。家族や親族はもちろん、地域での人と人とのつながり、さらには他の地域の人たちとのつながりがこころのエネルギーになっていきます。

被災地でのこころのケアのためには、こうした人と人とのつながりが何よりも大切です。

他の人からの手助けが、こころの支えになる

私たち人間は、太古の昔から100人くらいの人間の集団の中で生きてきたといわれています。

災害は、そうした人と人のつながりを断ち切ります。

コミュニティが破壊され、それまでの安心できる環境を失ってしまいます。

そのような状況に置かれると、誰もが心細く不安になります。

そうした中、被災した地域の中学生が集団で移転をするというニュースが流れました。

中学生もその家族も不安だと思いますが、ぜひ乗り切ってほしいと祈る気持ちです。

そのニュースに接して、私は、中学進学時に親元を離れて下宿生活を始めたときの心細さを思い出しました。

私が生まれ育った地域は、愛媛県南部の高知県との県境にある寒村です。

ずいぶん前に小学校が廃校になった、過疎の地域だったこともあって、私は、両親が勧めるままに中学受験をして、松山市にある一貫教育校の愛光学園に進むことになりました。

両親は、きちんとした教育を私に受けさせようと考えたのでしょうが、私はそんな考えに配慮できる余裕などありませんでした。

無事に合格して、まかないつきの下宿で生活を始めたのですが、さびしい気持ちでいっぱいで、その恨《うら》みを親にぶつけるようになりました。

当然のように成績は悪く、前で書きましたように、高校1年生のときに落第することになります。

それでも、今こうして自分なりに活動できているのは、他の人の手助けがあったからだと考えています。

両親や友人、学校の教師に加えて、私の場合、下宿のおばさんの存在がとても支《ささ》えになりました。

いくつかの下宿にお世話になったのですが、なかでも一番長くお世話になった下宿のおばさんは、自分の家族と同じ態度で私に接してくれました。

いま考えると、そのごく普通の態度が私にとっては心地よかったのだと思います。

そのおかげで私は、少しずつではありましたが、普通の高校生のような生活をするようになっていきました。

自分の存在価値を意識する

下宿していた頃のことを思い出すと、下宿のおばさんが、じつに自然に私に接してくれていたことに、いまさらながら驚きます。

じつは、私はいろいろな事情で、下宿を何回か変わりました。

しかし、高校時代、最終的にその方の下宿に戻らせてもらうことになり、卒業までお世話になりました。

成績が悪く、ちょっとやんちゃだった私を二度も預かるのは、かなり心配だったのではないかと思います。

それでも、その人は、私のことを「大野兄ちゃん」と呼んで、小学生だった自分の子どもの兄弟のように接してくださいました。

それが私のその後の自己イメージにかなり影響していると、いま振り返ってみて、思います。

私たちの自己イメージは、相手の人の見方でずいぶん変わってきます。

ダメな奴だと考えられていると感じると、自分が本当にダメな人間のように思えてきます。

しかし、ごく普通に接せられると、不思議なことに、自分が普通の人間だと思えるようになってきます。

ただ、私たちの記憶は、よくない体験のほうが強く残る傾向があります。

厳しい現実の中で生き残るためには、そのようによくない体験をそれ以上しないですむように工夫しないといけないからでしょう。

よくない体験をしそうになったときには、上手にそこから逃げなくてはなりません。

そのために、私たちは一般に、よくない体験のほうを覚えていて、それに似た状況になったときには、身構えて、自分を守るようにしているのです。

それはそれで必要なこころの動きなのですが、その一方で、自分にとって助けになった出来事、それも空気のようにほとんど意識しないまま体験したような出来事も、私たちのこころの成長に大きく影響しています。

そして、それを意識できるかどうかで、自分で意識できる自分の存在価値はずいぶん変わってきます。

これまでの災害のときもそうでしたが、能登半島地震を目にして、私は改めて自分の生きている意味について考えています。

安心できる誰かと話してみませんか？

先日、認知行動療法を使ったセルフケアについての研修を、産業場面で働く看護師の方々向けに行いました。そこで私は、セルフケアは一人ではできないという趣旨で話をしました。

もちろん、自分を振り返るセルフモニタリングをストレス対処の軸に置いている認知行動療法のスキルはセルフケアの役に立ちます。

しかし、セルフモニタリングだけでは不十分なことが少なくありません。一人で自分を振り返り、考えていると、独りよがりになって、同じ考えから抜け出せなくなりやすいからです。

自分の世界に入り込んでしまって、周囲から孤立してしまっているように感じる可能性もあります。

認知行動療法では、精神的につらくなっているときの「否定的認知の三徴」と呼ばれる考え方に目を向けます。

「否定的認知の三徴」というのは、自分自身、周囲との関係、将来に対するネガティブな考えです。

私たちがつらくなっているときには、自分に自信を持てなくなっています。

周囲から受け入れられていないように感じて、孤立感や孤独感を抱くようになっています。

将来への展望が持てなくなり、絶望的な気持ちになってもいます。

一人でこうした考えを振り払おうとしても、簡単にはいきません。

やめようと思えば思うほど、その考えにとりつかれて、自分を追い込んでいってしまうことになります。

そうしたときに、安心できる人と話をすると、それだけで気持ちが楽になります。

話をするといっても、必ずしも悩みを相談しなくてはならないというわけではありません。

他愛のない話をするだけでも、気持ちは軽くなります。

お互いに表情が緩むような話ができると、もっとよいでしょう。

安心できる人と話をすれば、一人ではないという気持ちになれます。

話をすることができた自分に気づけば、気持ちが楽になります。

他の人と話をするだけで、自分の考えから距離をとって考えることができるようにもなります。

他の人の意見をヒントに、新しい視点で考えることができるようになります。

このように、信頼できる人の存在を意識できることは、こころの健康にとってとても大切です。

「問題」に直面したときに対処する方法

信頼できる人の存在を意識できることがセルフケアのために大きな役割を果たすというお話をしましたが、だからといって、問題に直面したときに、すぐに人に頼ればよいというわけではありません。

信頼できる人の存在を意識する一方で、きちんと問題に目を向けて、どのように対処すればいいかを考えることは、もちろん大切です。

うまくいかなかったからといって、そこで簡単にあきらめてしまうのはよいことではありません。

まず自分の力でその問題に対処する必要があります。

しかし、そのように問題があるときには、なかなか思うようにそれに向き合うことができません。

そうするだけのこころの元気がないからです。

しかも、問題に対処できているところがあっても、精神的に追い込まれていると、自分のできているところに気づくことができないことも、少なくありません。

私は、読売新聞の「人生案内」（読者から寄せられた悩みや相談に回答者が答えるコーナー）を回答者の一人として担当しています。

担当者が仕分けした読者からの質問が毎月3つほど送られてきて、回答を書いて送り返します。1000字前後の短い質問文を読んだだけで回答を考えるのは大変です。いつもの診療のように、相手の人と話し合いながら一緒に解決策を見つけていくこともできません。

でも、質問文をじっくり読んでみると、その中にその人なりの解決策が書かれていることがほとんどだということに気づきました。

質問文を送ってきた人は、当然のことですが、つらい悩みにばかり目がいって、自分で考えた解決策に目が向かなくなっているのです。

ですから、回答者としての私は、質問者の工夫に光を当てて見つけやすくなるようにすればいいのです。

考えてみれば、私は通常の診療でも、相談に来た人の工夫を聞くことを大切にしています。

それぞれの人が、それぞれに工夫しているからです。

自分で自分の悩みに目を向けるときにも、同時に、自分の工夫にも目を向けるようにするとセルフケアの質が格段に上がるはずです。

第6章

「にもかかわらず」

―― どんなときも、自分らしく

お悩み相談の回答者として心がけていること

前にも書きましたように、私は読売新聞の「人生案内」（読者から寄せられた悩みや相談に回答者が答えるコーナー）の回答者の一人になっています。

毎月、3つあまりの質問文が新聞社から送られてきて、回答を書いて送り返さなくてはなりません。

ほかにも、「こころトーク」や、2001年から毎週書いている日本経済新聞の「こころの健康学」、月2回の「ぬくもっとCBT」サイトのメルマガのほか、いくつかのコラムも担当していて、最近はコラムニストになったような忙しさです。

それにしても、読売新聞に送られてくる「人生案内」への相談を読んでいると、いろいろな悩みを抱えて生活している人が多いのがわかります。

その問題に対して、回答者がそれぞれの立場からコメントをしていて、それを読むと勉強になることがたくさんあります。

それ以上に、私にとって勉強になるのが、質問してくる人がそれぞれ、苦しい思いをしながら自分なりの工夫をしているところです。

しかも、その工夫を生み出す感性から、その人らしさが伝わってきます。

経済的に苦労していながら、家族を思い、家族のために行動している人がいます。夫婦関係に悩みながらも、お互いの関係をよくするために工夫をしている人がいます。

苦しい中で考えているからこそ役に立つ工夫が多いのですが、質問を送ってくる人は、その自分の工夫に気づけていないことがほとんどです。

そうした工夫ができているところに、その人のこころの強さがあるはずなのに、それに気がつけていないのです。

ですから、回答者としての私の役割は、送られてきた質問文の中からその人の強みを見つけ出すことだと、ある時期から考えるようになりました。

４００字の原稿用紙に満たない短い質問文なので、すぐにはその強みがわからないこともあります。

しかし、すぐにはそれがわからなくても、質問文を何度か読み返した後、椅子に座ったり、ソファーに横になったりしながらその文章のことを考えていると、自然にその人の強みが浮かび上がってきます。

それを文章にしながら、私は、質問を送ってきた人がその強みに、自分で気づけるようになってほしいと考えています。

気づかないままできている工夫を意識できるようになると、もっと自分らしく生きていけるようになるということを伝えるのが、回答者としての私の役割です。

感情ではなく、考えに目を向けましょう

認知行動療法教育サイト「こころのスキルアップトレーニング」会員の方から、次のような質問をいただきました。

ご質問には、「とっさに思った感情（自動思考）に、自分の独りよがりな思い込みが入って、つらくなる」と書かれていました。

そのようなときに「どう対処すればよいか」というご質問です。

この方の質問には、認知行動療法を使うときに気をつけなくてはならない大切な内容がいくつか含まれていると考えたので、メルマガ「こころトーク」でも紹介させていただくことにしました。

まず私は、「感情と考えを区別してほしい」と回答に書きました。

ご質問に書かれているように、感情と思考は瞬間的に一体になって表れます。

そのとき、認知行動療法では、感情と思考を区別して考えるようにします。

それは、感情は自分で変えることができないからです。

その一方、その感情が生まれるきっかけになった思考は、変えることができます。

一般に、何か思いがけないことが起きたときに私たちの気持ちが動揺するのは、よくない可能性を考えて自分を守ろうとするからです。

よくない可能性を考えると、気持ちは不安定になっていきます。

そのようなときに、無理に気持ちを落ち着けようとしても簡単には安定しません。

意識すればするほど、気持ちの動揺が強くなってきます。

そのようなときに、認知行動療法では、気持ちや感情ではなく、考えに目を向けるように勧めるのです。

気持ちや感情が、そのとき考えていることに影響されているからです。

何か大切なものをなくしたと考えると、落ち込みます。

危険が迫っていると考えると、不安になります。

ひどいことをされたと考えると、腹が立ってきます。

現実に起きていることがどうであっても、私たちの気持ちはこのようにそのときの考えに左右されるのです。

もちろん、その考えや判断が現実的なものであればよいのですが、先に書いたように、多くの場合は現実以上によくない可能性を考えています。

そのようなときに、現実に目を向けることができれば、現実的に考えられるようになります。

そうすれば、気持ちが楽になる可能性が高くなり、問題に対処する力も生まれてきます。

いい意味での「わがまま」を大切にしませんか？

前で紹介した会員の方の質問についてもう少し考えていきたいと思います。

その人は、

「自分が『幼稚』なせいで、『わがままな感情が瞬間的に混じるとき』があり、そのネガティブな感情がいつまでも続いてつらい」

と書かれていました。

自分が幼稚でわがままなために、つらい気持ちが続いているのではないかと考えていらっしゃるのです。

でも、極端なことを言えば、私たちは誰もがいい意味で「わがまま」です。

いい意味でと書いたのは、「わがまま」になっているのは、自分を大切にしたいと考えているからです。

「幼稚」に思えるのは、それが本能的な反応だからです。

それを、よくない意味で「わがまま」「幼稚」と言ってしまうと、自分で自分を精神的に追い込んでしまうことになります。

そのときに大事になるのは、その自分の考えとまわりを、どのように折り合いをつけるかです。

自分の考えをそのまま押し通そうとすると、まわりの人とぶつかってしまう可能性があります。

それだと、本当の意味で「わがまま」になってしまいます。

落ち込んだり腹が立ったりするのは、自分が期待していたことと、現実に起きたこととの間にギャップがあるからです。

そのときには、どのように自分が期待している現実を実現していくのか工夫をしてください。

そのきっかけをこころが与えてくれたのですから、「わがまま」「幼稚」と切り捨てずに、ちょっと立ち止まって工夫してみてほしいと思います。

気持ちが少し楽になると、仮に問題があったとしても、その問題にどのように対処すればよいかを考えられるようになります。

不快な気持ちを抱えながら、自分にとってどのように行動するのがよいのかを考えてみるようにします。

そのように、つらい気持ちをためておけるこころの力が、78ページで取り上げた「ネガティブ・ケイパビリティ」です。

すぐに思うようにはならないかもしれませんが、現実を受け止め、そのつらい気持ちを抱える中で夢を持ち続ければ、自分が期待する現実に近づいていけるようになります。

不調があっても自分らしく生きる

先日、こんぼ亭で「リカバリーを目指す認知行動療法とアスピレーション」という演題名で話をする機会がありました。

こんぼ亭というのは、精神疾患を持つ人たちが中心に活動しているNPO法人「地域精神保健福祉機構」（略称、コンボ）が主催している講演会で、今回で93回になります。

1時間弱の講演の後、参加者からの質問をもとに、こんぼ亭の亭主の精神科医、市《いち》来《き》真彦《まさひこ》先生と1時間弱対談をしました。今回テーマにした「リカバリー」という言葉は一般的には回復と訳されます。

一方、精神医療の領域では、いろいろなハンディキャップを抱えながらも自分らしく生きていける状態になることを意味して使われています。

それは、いわゆる精神症状を体験するようになって治療を受けても、その症状がまったく消えてしまわないこともあるからです。

しかし、こころにしても身体にしても、不調を体験したとしても、自分らしく生きていくことは可能です。

その例として、私はいつも、認知行動療法の創始者のアーロン・ベック先生の体験を紹介します。

アーロン・ベック先生は１００歳まで生きましたが、90歳の頃に、緑内障のために目が見えなくなりました。

その頃、私は、アメリカの学会で、車椅子で出席しているベック先生を見かけたので、声をかけました。

ところが、先生はいつものように笑顔で反応してくれません。

私は戸惑《とまど》いました。

そのとき、そばにいたアメリカの知人が、ベック先生は目が見えなくなっていて、誰が声をかけたかわからなかったのだと、教えてくれました。

緑内障のために、ほとんど目が見えなくなっていたのです。

でも、目が見えなくなっても、車椅子の生活になっても、ベック先生はいろいろな集まりに出席して、発表したり発言したりしていました。

学会に出席している人たちに自分の考えを伝えて、みんなの役に立ちたいという強い思いがあったからです。

ハンディキャップを抱えながらも自分が大事だと考える活動を続けたベック先生は、自らリカバリーを実践していたのです。

笑顔になると気持ちが明るくなっていく

前で紹介した精神疾患を持つ人たちが中心に活動しているNPO法人「こんぼ亭」の亭主の市来真彦先生は、日本笑い学会の主要メンバーでもあります。

日本笑い学会というのは、文字通り、笑いをテーマに考え、議論する学会です。

そのことを私の講演の中で触れたところ、後半の質問コーナーで市来先生に、日本笑い学会で推奨されている言葉を教えていただきました。

それは、

「にもかかわらず」

という言葉です。

第6章

「にもかかわらず」

——どんなときも、自分らしく

私たちは、いろいろな場面で困った出来事に直面し、悩んだり苦しんだりします。

そのときに、「もうダメだ」とあきらめてしまっては、先に目を向けることができません。

そのときに、「にもかかわらず」笑ってみると、見える景色が変わってきます。

それには2つの意味があります。

第一に「もうダメだ」と決めつけてしまうと、よくない可能性しか頭に浮かばなくなります。

考えが可能性を制限してしまうのです。

そうなると、その悲観的な考えを裏づけるような、よくない出来事しか見えなくなってきます。

その結果、何かをしようというこころの元気がどんどん失われていってしまいます。

ダメかどうかは、やってみないとわかりません。

それなのに、「もうダメだ」と決めつけてしまうのは、自分で自分のこころの力を奪っているようなものです。

そのときに、「にもかかわらず」と考えると、こころの余裕が生まれてきます。

意識して笑顔になるようにすると、こころは軽くなります。

これが、第二の意味です。

表情によって、私たちの気持ちは変化します。

厳しい表情をすると、気持ちはネガティブになっていきます。

笑顔になると、気持ちが明るくなっていきます。

これまでの研究から、自然な笑顔だけでなく、意識的に笑顔をつくっても、こころが軽くなることがわかっています。

これが「外から内へ」の影響で、表情や姿勢などの外的な状態が、こころという内的な状態に影響するのです。

あなたも、こころが揺れたとき、「にもかかわらず」とつぶやいてみてはどうでしょうか。

環境が変わったときに知っておきたいこと

新年度を迎えたときなど、自分が望んでいたような異動や昇進、進学ができて希望に胸を膨らませている人が多い反面、思うような結果が得られずに落ち込んでいる人も少なくないでしょう。

また、希望通りの結果になったとしても、新しいところで期待されるような成果が上げられないのではないかと考えて、不安になっている人もいると思います。

うつや不安、怒りのようなネガティブな気持ちは、つらく感じられます。

できれば、このような気持ちを体験しないで、いつも楽しく前向きに生活したいと考えるかもしれません。

でも、こうしたネガティブな感情は、大きな失敗をしないで自分らしく生きていくために必要なものです。

ですから、環境の変化の多いこの時期に、こうしたネガティブな気持ちを体験しやすいのです。

こうしたこころの痛みにはそれぞれ、自分を守ってくれる意味があります。

ネガティブ三大感情と呼ばれる「うつ」「不安」「怒り」について、考えてみましょう。

落ち込むのは、何か大切なものをなくしたと判断したときです。

あわてて行動しないで、まず休んでエネルギーを蓄え、問題に対処したほうがよいとこころが伝えてくれているのです。

不安になるのは、何か危険なことが起こりそうだと判断したときです。

気を抜かないで、起きてくる問題に対応できるように準備をしたほうがよいと、こころが伝えてくれているのです。

腹が立つのは、ひどいことをされたと判断したときです。

相手のペースに巻き込まれないで、きちんと自己主張して、自分を守ったほうがよいと、こころが伝えてくれているのです。

その判断が当たっていることも、考えすぎのこともありますが、よくないことが起きている可能性があるときには、ペースダウンして、現実を確認することが必要です。

その結果、それが自分の思い過ごしだとわかるかもしれません。

それであれば、よいでしょう。

でも、実際に問題が起きている場合もあります。

その場合には、きちんと現実に目を向け、それにきちんと対処する必要があります。

出口が見えないときには見方を変えてみる

先日、ＮＨＫの朝の連続テレビ小説、いわゆる「朝ドラ」の特集があり、印象に残っている名場面が流されました。

私は、朝食を食べながら「朝ドラ」を観ることが多くなっているのですが、そのテーマや出演者のやりとりは、認知行動療法的にみて役に立つものが多くあります。

たとえば、その特番の導入部で、岩手県久慈《くじ》市を舞台にした「あまちゃん」が、紹介されました。

多くの方がご存じのように、久慈市の若い海女《あま》の一人、アキちゃんが多くの苦難に直面しながら自分らしく生きていく内容です。

特番の中では、東日本大震災をきっかけに気持ちがすれ違うようになったアキちゃんと、親友のユイちゃんの激しいやりとりが流れます。

二人はアイドルを目指していたのですが、東日本大震災のために、その夢に向かって一緒に進むことができなくなりました。

そして、故郷の久慈市に残ったユイちゃんのこころが次第に荒れていき、アキちゃんにも厳しい態度でぶつかるようになります。

そうした中、これからの活動をめぐって二人が激しくやり合うシーンで、次のようなやりとりが流れます。

ユイは言います。

「アキちゃんは何でやってたの？」

アキが答えます。

「ダサいけど楽しいから。ユイちゃんと一緒だと楽しいからやってたんだべ」

この衝突をきっかけに、二人はまた、同じ方向を向いて一緒に活動を進めていくようになります。

「楽しい」からやるという発想は、最近の認知行動療法で大事にされているアスピレーションの考えにつながります。

アスピレーションは、自分らしい人生を送るために大切にしている自分らしい夢や希望という意味です。

悩んでいるとき、とくに出口が見えないような思いが強くなっているとき、アスピレーションに目を向けることができるようになれば、前に向かって進めるようになっていきます。

これは、認知行動療法でも、「あまちゃん」でも、洋の東西を問わず、こころを元気にするために大切な考え方だと、私は考えています。

第7章

さあ、深呼吸

―― こころが休まる時間を持つ

こころを元気にするためのキーワード

アスピレーションは、自分が大切にしている夢や希望です。

認知行動療法の創始者のアーロン・ベック先生が、こころを元気にするためのキーワードとして、仲間と一緒に考え、「アスピレーション」という言葉を使うことに決めました。

仲間というのは、専門家仲間だけでなく、精神疾患のために悩んで治療を受けている人たちも含まれていました。

話し合いの中では、「ビジョン」や「ミーニング（意味）」「バリュー（価値）」など、いろいろな言葉が提案され、そして最終的に「アスピレーション（aspirations）」という言葉が選ばれました。

英語を見ていただければわかるのですが、複数形が使われています。アスピレーションは一つではなく、一人の人でもいろいろなアスピレーションがあるという意味が込められているのです。

しかし、カタカナでアスピレーションと書かれても、何を意味するのか、今ひとつピンとこない人もいると思います。

私もその一人でしたが、そうしたときにチョコレートで有名なゴディバの社長のジェローム・シュシャンさんの講演を聞く機会がありました。

シュシャンさんは、ゴディバの戦略プラン、

「アスピレーション・アンド・アクセシブル」

について話されていました。

30年以上弓道を続けているほどの日本通で、日本語も堪能《たんのう》な方です。

そのシュシャンさんが、「アスピレーション・アンド・アクセシブル」を「憧《あこが》れ、

でも身近」と訳されていました。

ゴディバのチョコレートは高価ですが、手が届かないほどではありません。自分へのごほうびとして、奮発《ふんぱつ》して買うこともできます。人からもらうと、うれしい気持ちになります。

つまり「アスピレーション」は、このように「ちょっと頑張れば手が届く喜び」に通じる思いなのです。

前の章で紹介したＮＨＫの朝ドラ「あまちゃん」の主人公のアキちゃんも、親友のユイちゃんも、二人で一緒に努力してタレントになってみんなを励《はげ》ましたいという思い、アスピレーションがあったから頑張ることができたのです。

夢や希望にどんな思いを込めますか？

落ち込んだり悩んだりしているときに、「夢だ」「希望だ」と言われても、そんなものは思いつかないのではないかと疑問に思うという人もいるでしょう。

そのような精神状態のときには、うまくいっていないところに目が向いているので、思いつかないのは当然のことです。

逆に、いまの問題を無視して将来のことばかり考えていると、問題が大きくなって収拾がつかなくなる場合だってあります。

そのようなときには、問題にきちんと向き合う必要があるのです。

しかし、差し迫った問題があるときでも、ちょっと一息ついて自分を取り戻す時間を持つことが大切です。

好きな趣味をしたり、身体を動かしたり、気の置けない人とたわいない会話をしたり、何でもよいので、ちょっとこころが休まる時間を持つようにします。

少しでも気持ちが楽になると、ふといい考えが浮かんだりします。

人のこころは不思議なもので、将来の夢に目を向けられるようになったりもします。

もちろん、一足飛びに夢や希望を実現できるわけではありません。

ステップバイステップ、一つひとつ実績を積み上げていくことも必要です。

そのときに、自分が望んだような展開にならないこともあります。

NHK朝ドラの「舞いあがれ!」(2022年放送)では、子どもの頃に病弱だった主人公の舞が、長崎県の五島《ごとう》の人たちの助けもあって成長し、パイロットを目指します。

しかし父親が急逝《きゅうせい》して、東大阪にあった実家の町工場を手伝うことになります。

その後も紆余曲折《うよきょくせつ》ありましたが、最後は、オープンファクトリーを開設して、離島や山奥の人たちの助けになる空飛ぶクルマをつくるというストーリーでした。

私は、「人の助けになる存在になりたい」と考えている主人公の思いがアスピレーションなのだと考えながら、このドラマを観ていました。

私たちは日々、実現したい目的に向かって生活をしています。

しかし、アスピレーションというのは目的ではなく、自分が生きる目標です。

「志事」と表現した人もいます。

アスピレーションでは、何が実現できるかということだけでなく、そこにどのような思いが含まれているのかを忘れないようにすることが大切なのだと、私は考えています。

誰だって、拒絶されたら……と思ったら行動できない

私の出身地、愛媛県松山市で開催される講演会「ふるさと大学伊予塾《いよ》」が2024年5月11日に開催されました。テーマは「心《こころ》体《からだ》禅《ぜん》」です。

いまは、機会でもないと愛媛県に帰ることはないのですが、逆に言えば、こういう機会を与えてもらえることをありがたく感じています。

この講演会は、故郷ゆかりの人を呼んで毎年行われているもので、これまでにも一度、呼んでもらっています。

それは10年以上前のことですが、この会の主催者の一人の大岡さんから、突然勤務先に電話が入りました。

知らない人からの電話は何かの勧誘のことが多いので身構えましたが、話を聞いてみると、いかがわしいものではなさそうです。

そこで、申し出を引き受け、最終的に無事に講演会を終えることができました。

それにしても、知らない人に電話をして交渉するのはかなり勇気がいりそうで、私にはとうてい無理な行動です。

「断られて恥ずかしい思いをするのではないか」

と考えると、思い切って電話をすることができません。

人間は、原始時代から100人くらいの小集団で狩猟採集をして生き延びてきたといわれています。

その集団に所属していれば、皆と協力して狩猟をしたりして、食べ物にありつけて生き延びることができます。

でも、何かの理由で集団から拒絶されてしまうと、厳しい自然の中で一人で生きていかなくてはならなくなります。

それは、死を意味することになりかねません。

だから、私たちは、人からの拒絶に弱いのです。

電話に限らず、人から断られることが苦手なのは、そうした心理から来ているのではないかと考えられます。

でも、考えてみれば、電話をかけて断られたとしても、電話をかけなかったときと同じです。

電話をかけて断られても、電話をかけなくて承諾してもらえなくても、受け入れてもらえなかったという事実には変わりありません。

それなら、電話に限らず、思い切って行動してどうなるか、結果を見るようにしたほうがずっとよいに決まっています。

思い切って行動してみませんか？

前で、私に急に電話をしてきた大岡さんとの体験を通して、思い切って行動することの効用について書きました。

行動しなくて望みが実現しなくても、行動して失敗して望みが実現しなくても、望みが実現しなかったという現実は同じだからです。

しかし、その後の展開はまったく違っています。

行動しなくて望みが実現しなかった場合は、行動できなかったという残念な気持ちがずっと続きます。

望みが実現しないという残念に、行動できなかったという残念が積み重なって、ダブル、いやそれ以上に残念な気持ちが強くなります。

行動して失敗した場合には、残念な気持ちにはなりますが、行動することができたというポジティブな体験がそこに重なります。

現実から逃げないで、向き合うことができたのです。できた自分が目に入ると、少しだけかもしれませんが、誇らしい気持ちになれます。

それが、自信にもつながります。

それに、行動して失敗すれば、何がよくなかったか、どうすればよかったかを考えるヒントが手に入ります。

次は、そのよくなかった部分を修正して、新しい工夫をしていけば、先に進む可能性が出てきます。

そのときに大事なのは、失敗した原因にこだわりすぎないことです。

なぜ失敗したのか、原因探しをしてもわからないことが少なくありません。

わかったとしても、変えようがないこともたくさんあります。

そのようなときには、その体験を次にどう生かせばよいか、失敗体験を将来に向けての工夫につなげていくようにします。

人生は長いのです。

生きていくうちに、失敗を笑って話せる日が必ず出てきます。

そういえば、私が若かった頃、田舎者の私は貧乏で、住宅ローンを借りようと銀行に行って断られたことがあります。

クレジットカードに入会しようとして断られたこともあります。

そのときは残念な気持ちになりましたが、いまとなっては笑い話です。

長く生きてきて、いまできることに力を注いでいれば、その先は必ず変わってくると信じるようになっています。

自分が気にしていることを相手も気にしているとは限らない

前でも書きました通り、故郷の愛媛県で開催された講演会「ふるさと大学 伊予塾」のテーマは、「心 体 禅」でしたが、そのようなテーマになったのは、私が尊敬する平林寺《へいりんじ》の松竹寛山《まつたけかんざん》老師とご一緒させていただいた講演会だったからです。松竹老師が禅について話をされ、座禅を聴衆と一緒に体験し、それを受けて私が認知行動療法の立場から人のこころについて話をするという流れでした。

その講演のなかで、私は、ずいぶん前に日本吃音《きつおん》臨床研究会に呼ばれたときの体験に触れました。

この講演会の打ち合わせを兼ねて、埼玉県新座市にある平林寺を訪れたときのことです。

松竹老師は、ご自分が若い頃が吃音に苦しんでいて、いまも声を出そうとすると引っかかることがあるとおっしゃいました。講演会場でもそのことに触れられました。私はそれまで何度か老師にお会いしていましたが、今回そのような話を聞くまでは老師の吃音にまったく気づいていませんでした。

いまはそれをきちんと受けとめ、受け入れていらっしゃるので、私は気づかなかったのでしょう。

それに、私は、老師が吃音かどうかということではなく、老師から何を学べるかに気が向いていました。

平林寺は臨済《りんざい》宗の中でも最高位にあるお寺です。「むー」と声を出しながら行う「無字《むじ》座禅」でも知られています。

最初に「無字座禅」について知ったとき、座禅というと静かに座って行うものだと考えていた私は驚きました。

しかし、静かに座っていることが苦手な人も少なくないはずです。私もその一人ですが、そうした人にとっては、「むー」と声を出す方が合っていて、こころの底からエネルギーが湧いてくる感じがしてきます。

型にとらわれない松竹老師の素晴らしさを感じます。

こうした素晴らしさに関心が向いていたから、老師の吃音に気づかなかったのだと、思いました。

うまくいっていることに、自分では気づけないときがある

日本吃音臨床研究会というのは、名称通り吃音の人たちの集まりです。

以前に、その人たちの2日間の合宿に呼ばれて、私が専門にしている認知行動療法をもとに講演をした後に、吃音の人たちと話し合ったことがありました。

そのなかで、私はとてもよい気づきをたくさん体験することができました。

悩んでいる人たちは、悩んでいるだけに、思いがけない気づきの体験をしているのです。

ただ、そうした人たちは、悩みに目が向きすぎて、自分の気づきや工夫に目が向いていないことがよくあります。

これは、私たち精神科医療の専門家のところに相談にいらっしゃる悩みを抱えた人と同じです。

さて、その合宿のなかで、ある人が、授業で絵本の読み聞かせをしたときの体験を話されました。

その人は教師でした。どもるのではないかと心配しながら、生徒の前で絵本を読み進めたとおっしゃいます。

最初は順調に読み進められたのですが、ある場面で、案の定、どもってしまい、そこから先、読み進められなくなりました。

生徒がざわつくのを見て、その人は、失敗したと考えて落ち込みました。

その話を聞いたとき、私は、なぜ読み聞かせをしようとしたのか不思議に思って聞いてみました。

すると、その人は、自分の吃音の体験を通して感じた言葉の美しさについて、考えてほしかったからだとおっしゃいます。

その話を聞いて、私は、読み進められなくなったのは失敗ではなかったのではないかと考えました。

そうなったことで、生徒たちは授業の目的に目を向けることができたのではないかと、考えたのです。

生徒たちのざわつきはその表れではないかという私の考えを伝えたところ、その人の表情が明るくなりました。

失敗のように思えることでも、目的に目を向ければ、決してそうではないことが多いということに私も気づけた時間でした。

「続けていくこと」で意欲は回復していく

「こころのスキルアップ・トレーニング」の会員の方から、とてもよいご質問をいただきました。

この本の終わりに、それについてお話しさせていただきたいと思います。

ご質問は、うつ病の意欲低下や統合失調の陰性症状など、意欲が出ない状態があるが、「病気によって区別ができるかどうか」というものです。

45年間悩んでこられたということで、「認知行動療法で改善することができるかどうか」についても知りたいと書かれていました。

結論から言えば、統合失調症の陰性症状もうつ病の意欲低下も、何かをしようという意欲が落ちているという点で、同じ現象だと私は理解していると回答しました。

その背景の生物学的な異常に違いがあるかどうかについては、それぞれの精神疾患の脳機能の違いが解明されていない現状では、わからないというのが私の答えです。

じつは、アーロン・ベック先生が晩年、仲間と一緒に開発したリカバリーを目指す認知行動療法があります。

その全体像を紹介した『リカバリーを目指す認知療法―重篤なメンタルヘルス状態からの再起』（岩崎学術出版）という本のなかで、ベック先生たちは、「陰性症状という言葉は誤解を招く」と書いています。

脳の機能が障害されて回復できないという、ネガティブな印象を与えるからです。

精神疾患を持っているかどうかにかかわらず、どのような人でも、楽しいことややりがいのあることができない状況では、意欲が落ちてきます。

重篤な精神疾患を持つ人の場合は、とくにその傾向が強くなります。

一方、楽しいことややりがいを感じることを少しずつでも積み重ねていけば、意欲が出てきます。これは、意欲に関係している脳の報酬系のシステムが刺激されるからだろうと考えられます。

これを認知行動療法で活用したのが、「行動活性化」と呼ばれるアプローチです。自分の生活を振り返って、少しでも楽しみや喜び、やりがいを感じられるような活動を見つけ、それを続けていくことで意欲を回復していくようにします。

このように考えると、前述したように、病名によって表現が違っても、意欲が出ないという現象は同じものとして理解したほうがよい、と私は考えています。

その上で、その人が前向きになれるような楽しいことや、やりがいを感じられることに、無理のないかたちで取り組んでいけるようにすることが役に立つと考えることができると、答えました。

おわりに――

こころの痛みを感じたら、ちょっと立ち止まってみる

誰でも、うつや不安といったネガティブ感情を体験しています。

本書を手に取ったあなたもその一人で、だから目を通してみようと考えたのではないでしょうか。

そうした人のために、うつや不安といったネガティブ感情をこころの力に変えていくコツを伝えたいと考えて、本書をつくりました。

私たちはうつや不安というネガティブな感情から逃げることはできません。

それは、こうした感情が、私たちのこころに本来備わっているセンサーの働きをしているからです。

こころの痛みは、体の痛みと同じように、自分を守るために大切な役割を担《にな》っています。

体のどこかに痛みを感じると、私たちは、何かよくない変化が起きているのではないかと考えて検査を受けたり、手当てをしたりします。

問題があったとしても、早く適切に手当てをすれば、大きな問題にならずにすませることができます。

それだけではなく、その後は、生活習慣を変えて、より健康に生きる工夫をするようになったりもします。

こころの痛みも同じです。

こころの痛みを感じたときは、ちょっと立ち止まって自分を振り返り、より健康に生きる工夫ができるチャンスです。

そのチャンスを生かす工夫を、本書でお伝えしました。

本書は、私が専門にしている認知行動療法を学習するためのサイト「こころのスキルアップ・トレーニング（こことレ）」のコラム「こころトーク」を加筆訂正してまとめたものです。

「こころトーク」は毎週金曜日の午後6時に配信しているのですが、会員の皆さんは関心を持っていただいていて、少しでも配信が遅れると連絡が入ると聞いています。

その内容を本書で読者の皆さんと共有させていただく機会をつくってくださったのが、きずな出版社長の岡村季子さんです。

それだけではなく、「こころのスキルアップ・トレーニング」製作のきっかけをつくっていただき、維持・管理していただいているのも岡村季子さんです。

本書をつくっていく過程でも、こうした人間関係が、私のこころの元気の源になっていることをあらためて感じました。

本書で紹介したこころのストレッチのコツを活用して、皆さんが自分らしい人生を送っていただけるようになることを願っています。

著　者

●著者プロフィール

大野 裕 （おおの ゆたか）

1950年、愛媛県生まれ。1978年、慶應義塾大学医学部卒業と同時に、同大学の精神神経学教室に入室。その後、コーネル大学医学部、ペンシルバニア大学医学部への留学を経て、慶應義塾大学教授（保健管理センター）を務めた後、2011年6月より、独立行政法人 国立精神・神経医療研究センター 認知行動療法センター センター長に就任、現在顧問。現在、一般社団法人認知行動療法研修開発センター理事長、ストレスマネジメントネットワーク（株）代表、長崎大学客員教授。Academy of Cognitive Therapyの設立フェローで公認スーパーバイザーであり、ベック認知行動療法国際アドバイザー、日本認知療法・認知行動療法学会理事長、日本ストレス学会理事長、日本ポジティブサイコロジー医学会理事長を歴任。2001年から日本経済新聞にてコラム「こころの健康学」を連載、読売新聞「人生案内」執筆中。著書に『こころが晴れるノート』（創元社）、『はじめての認知療法』（講談社現代新書）、『マンガでわかりやすいうつ病の認知行動療法』（きずな出版）など多数。YouTubeチャンネル・AIチャットボット「こころコンディショナー」配信。

大野裕の認知行動療法活用サイト
［こころのスキルアップ・トレーニング］
https://www.cbtjp.net/

うつな気持ちが晴れていく
〔こころのストレッチ〕

2024年9月10日　初版第1刷発行

著　者　大野　裕
発行者　櫻井秀勲
発行所　きずな出版
東京都新宿区白銀町1-13
〒162-0816
電話 03-3260-0391
振替 00160-2-633551
https://www.kizuna-pub.jp/

印　刷　モリモト印刷
ブックデザイン　福田和雄（FUKUDA DESIGN）
編集協力　ウーマンウエーブ

ISBN978-4-86663-250-6